中国电子信息工程科技发展研究

5G发展基本情况综述

中国信息与电子工程科技发展战略研究中心

科学出版社

北京

内 容 简 介

第五代移动通信(5G)作为新一代移动通信技术的主要发展方向，在4G基础上增强移动互联网业务并扩展到物联网业务，将开启万物互联的信息通信发展新时代，全面构筑经济社会数字化转型的关键基础设施，成为全球数字经济发展的强劲驱动力。本书在全面总结全球5G标准、频谱、商用最新进展及我国5G发展现状的基础上，深入分析5G为满足更多样化场景的性能需求，在系统架构、无线和网络关键技术、承载等领域所引入的技术创新，总结我国在技术标准、关键器件、产业研发和融合应用等领域所取得的重要成果。

本书适合通信、计算机等方面的研究生，从事开发和运营的科研人员、相关工程技术人员参考。

图书在版编目（CIP）数据

中国电子信息工程科技发展研究．5G发展基本情况综述．/中国信息与电子工程科技发展战略研究中心编．—北京：科学出版社，2019.10

ISBN 978-7-03-062656-1

Ⅰ．①中…　Ⅱ．①中…　Ⅲ．①电子信息–信息工程–科技发展–研究–中国　Ⅳ．①G203　②TN929.5

中国版本图书馆CIP数据核字（2019）第231298号

责任编辑：赵艳春 / 责任校对：樊雅琼

责任印制：徐晓晨 / 封面设计：迷底书装

科 学 出 版 社 出版

北京东黄城根北街16号

邮政编码：100717

http://www.sciencep.com

北京虎彩文化传播有限公司 印刷

科学出版社发行　各地新华书店经销

*

2019年10月第 一 版　开本：890×1240 1/32

2020年 1 月第二次印刷　印张：2

字数：66 000

定价：68.00元

（如有印装质量问题，我社负责调换）

《中国电子信息工程科技发展研究》指导组

组长：

陈左宁　卢锡城

成员：

李天初　段宝岩　赵沁平　柴天佑
陈　杰　陈志杰　丁文华　费爱国
姜会林　刘泽金　谭久彬　吴曼青
余少华　张广军

国家高端智库

中国信息与电子工程科技发展战略研究中心简介

中国工程院是中国工程科学技术界的最高荣誉性、咨询性学术机构，是首批国家高端智库试点建设单位，致力于研究国家经济社会发展和工程科技发展中的重大战略问题，建设在工程科技领域对国家战略决策具有重要影响力的科技智库。当今世界，以数字化、网络化、智能化为特征的信息化浪潮方兴未艾，信息技术日新月异，全面融入社会生产生活，深刻改变着全球经济格局、政治格局、安全格局，信息与电子工程科技已成为全球创新最活跃、应用最广泛、辐射带动作用最大的科技领域之一。为做好电子信息领域工程科技类发展战略研究工作，创新体制机制，整合优势资源，中国工程院、中央网信办、工业和信息化部、中国电子科技集团加强合作，于 2015 年 11 月联合成立了中国信息与电子工程科技发展战略研究中心。

中国信息与电子工程科技发展战略研究中心秉持高层次、开放式、前瞻性的发展导向，围绕电子信息工程科技发展中的全局性、综合性、战略性重要热点课题开展理论研究、应用研究与政策咨询工作，充分发挥中国工程院院士，国家部委、企事业单位和大学院所中各层面专家学者的智力优势，努力在信息与电子工程科技领域建设一流的战略思想库，为国家有关决策提供科学、前瞻和及时的建议。

《中国电子信息工程科技发展研究》编写说明

当今世界，以数字化、网络化、智能化为特征的信息化浪潮方兴未艾，信息技术日新月异，全面融入社会生产生活，深刻改变着全球经济格局、政治格局、安全格局。电子信息工程科技作为全球创新最活跃、应用最广泛、辐射带动作用最大的科技领域之一，不仅是全球技术创新的竞争高地，也是世界各主要国家推动经济发展、谋求国家竞争优势的重要战略方向。电子信息工程科技是典型的“使能技术”，几乎是所有其他领域技术发展的重要支撑，电子信息工程科技与生物技术、新能源技术、新材料技术等交叉融合，有望引发新一轮科技革命和产业变革，给人类社会发展带来新的机遇。电子信息又是典型的“工程科技”，作为最直接、最现实的工具之一，直接将科学发现、技术创新与产业发展紧密结合，极大地加速了科学技术发展的进程，成为改变世界的重要力量。电子信息工程科技也是新中国成立 70 年来特别是改革开放 40 年来，中国经济社会快速发展的重要驱动力。在可预见的未来，电子信息工程科技的进步和创新仍将是推动人类社会发展的最重要的引擎之一。

中国工程院是国家工程科技界最高荣誉性、咨询性学术机构，把握世界科技发展大势，围绕事关科技创新发展的全局和长远问题，为国家决策提供科学的、前瞻的和及时的建议。履行好国家高端智库职能，是中国工程院的一项重要任务。为此，中国工程院信息与电子工程学部在陈左宁副院长、卢锡城主任和学部常委会的指导下，第一阶段(2015 年年底至 2018 年 6 月)由邬江兴、吴曼青两位院士负责，第二阶段(2018 年 9 月至今)由余少华、陆军两位院士负责，组织学部院士，动员各方面专家 300 余人，参与《中国电子信息工程科技发展研究》综合篇和专题篇(以下简称“蓝皮书”)编撰工作。编撰“蓝皮书”的宗旨是：分析研究电子信息领域年度科技发展情况，综合阐述国内外年度电子信息领域重要突破及标志性成果，为我国科技人员准确把握电子信息领域发展趋势提供参考，为我国制定电子信息科技发展战略提供支撑。

“蓝皮书”编撰的指导原则有以下几条：

(1) 写好年度增量。电子信息工程科技涉及范围宽、发展速度快，综合篇立足“写好年度增量”，即写好新进展、新特点、新趋势。

(2) 精选热点亮点。我国科技发展水平正处于“跟跑”“并跑”“领跑”的三“跑”并存阶段。专题篇力求反映我国该领域发展特点，不片面求全，把关注重点放在发展中的“热点”和“亮点”。

(3) 综合专题结合。该项工作分“综合”和“专题”两部分。综合部分较宏观地讨论电子信息领域科技全球发展态势、我国发展现状和未来展望；专题部分对 13 个子领域中热点亮点方向进行具体叙述。

应用系统		
8. 水声　13. 计算机应用		
获取感知	**计算与控制**	**网络与安全**
3. 感知 5. 电磁空间	10. 控制 11. 认知 12. 计算机系统与软件	6. 网络与通信 7. 网络安全
共性基础		
1. 微电子光电子　2. 光学工程　4. 测试计量　9. 电磁场与电磁环境		

子领域归类图

5 大类和 13 个子领域如上图所示。13 个子领域的颗粒度不尽相同，但各子领域的技术点相关性强，也能较好地与学部专业分组对应。

编撰“蓝皮书”仍在尝试阶段，难免存在一些疏漏，敬请批评指正。

中国信息与电子工程科技发展战略研究中心

2019 年 3 月

前　言

宽带无线移动通信是全球技术发展最快、产业竞争最激烈的领域之一，是推动国民经济发展、提升社会信息化水平的重要引擎。当前，全球新一轮科技革命和产业变革蓬勃兴起。5G 作为新一代移动通信技术的主要发展方向，应用场景从移动互联网业务扩展到物联网场景，5G 将与云计算、大数据、人工智能等新一代信息技术相结合，全面构筑经济社会数字化转型的关键基础设施，与工业、农业、交通、医疗等经济社会各行业各领域深度融合，提升信息化水平，催生新产品、新模式和新业态，促进生产方式和产业格局深刻变革，成为数字经济发展的强劲驱动力。全球主要国家均将 5G 作为优先发展的战略性领域，通过政策引导和资金投入等手段，开展技术研发、网络部署、应用探索和生态构建，加快推动 5G 发展。我国移动通信历经“1G 空白、2G 跟随、3G 突破和 4G 同步”的跨越式发展后，研发创新能力不断增强，产业发展水平持续提升，移动通信产业已形成相对完整的产业链和巨大的运营市场，对经济社会发展的支撑作用日益显著。5G 将进一步升级我国信息通信基础设施，并为实现高质量发展提供有力支撑。

本书从全球发展态势、我国 5G 发展现状、5G 技术创新、5G 未来展望、我国 5G 热点亮点等五个方面对国内外

5G 整体发展情况及热点进行了论述。在全球发展态势方面，分析梳理了美国、欧洲、韩国和日本等全球主要国家和地区所发布的 5G 战略规划、当前 5G 频谱规划及拍卖情况、5G 国际标准进展及商用部署情况。在我国 5G 发展方面，我国将 5G 作为优先发展战略领域，在一系列重要国家政策文件中都对推动 5G 发展做出明确部署，并积极推动频谱规划、技术研发试验及应用推广等工作，在全球率先发布 5G 中频频谱规划，并于 2018 年年底向运营企业发放 5G 中低频段试验频率使用许可；2016 年初启动 5G 技术研发试验，加快推进 5G 产业成熟；举办“绽放杯”5G 应用征集大赛，助力 5G 与垂直行业融合应用发展。在 5G 技术创新方面，为满足 5G 高性能及多样化场景的差异化性能需求，无线接入网采用灵活的基础系统架构设计，并引入大规模天线、极化码等基础性关键技术，核心网采用服务化网络架构并引入网络切片、边缘计算等网络技术，5G 承载网需要满足更大带宽、超低时延及高精度同步等性能特性需求。在 5G 未来展望方面，从标准、频谱、产业、商用及未来 B5G/6G 技术创新等方面进行了展望。在我国 5G 热点亮点方面，总结了我国在 5G 国际标准推进、关键器件体系化升级、产业研发及生态构建、5G 与垂直行业融合应用探索等方面所取得的重要成果。

由于时间仓促，书中难免存在疏漏，敬请读者批评指正。

目　录

第1章　全球发展态势

当前，全球新一轮科技革命和产业变革蓬勃兴起。移动通信技术历经1G至4G，正向第五代移动通信(5G)阔步前行，5G基于全新的系统架构，引入大规模天线、先进编码、网络切片等新型无线和网络关键技术，在大幅提升移动互联网业务能力的基础上，将进一步推动物联网、车联网、工业互联网等垂直行业领域发展，开启万物互联的新时代。

5G与云计算、大数据、人工智能等新一代信息技术结合，将深度渗透到经济社会各行业各领域，提升信息化水平，催生新产品、新模式和新业态，促进发展方式和产业格局深刻变革。全球主要国家均将5G作为优先发展的战略性领域，通过政策引导和资金投入等手段，加快技术研发、网络部署、应用探索和生态构建，力争抢占新一轮国际竞争制高点。

1.1　主要国家均将5G作为优先发展的战略领域

以新一代信息通信技术为主要驱动力的新一轮科技和产业变革正在蓬勃兴起。5G作为新一代移动通信技术，在大幅提升移动互联网业务能力的基础上，将进一步推动物联网、车联网、工业互联网等垂直行业领域发展，带动生产与社会基础设施的数字化改造，孕育新产品和新服务，创建新业态和新模式，与实体经济深度融合，支撑经济社会实现高质量发展。全球主要国家高度重视 5G 发展，纷纷把 5G 列为优先发展的战略领域，通过发布国家战略，设置国家项目，加大资金投入，积极支持 5G 发展。

美国：2017 年底发布的《国家安全战略》中提出“在全国范围部署 5G 网络”，指出 5G 网络部署是提高美国国际竞争力、改善人们生活质量的首要行动之一。2018 年 9 月发布“5G FAST(Facilitate America’s Superiority in 5G Technology)战略”，提出为 5G 分配更多的频谱资源、简化基站审批流程并缩短审批时间等，推动 5G 网络快速部署。此外，特朗普总统于 2018 年 10 月 25 日签署了“制定美国未来可持续频谱战略”的总统备忘录，指示美国商务部与美国电信和信息管理局(NTIA)一起制定长期频谱战略，以帮助美国全面推进 5G 发展，引领未来下一代无线通信。**欧盟：**从 2012 年开始陆续启动 METIS(Mobile and Wireless Communications Enablers for the Twenty-Twenty(2020) Information Society)和 5G PPP(5G Public Private Partnership)等多个重大项目，总研发经费达到 42 亿欧元，2016 年欧盟发布了 5G 行动计划，其 5G 发展目标是 2020 年各成员国至少选择一个城市提供 5G 服务，欧盟频谱管制机构建议在 2020 年前为 5G 分配 3.4～3.8GHz 的大段频谱以及部分 26GHz 频段。**韩国：**2013 年成立了 5G 论坛，启动重大项目，计划投入 1.6 万亿韩元(约 14.3 亿美元)研发资金，推动 5G 产业发展。2014 年 1 月公布了旨在引领 5G 时代的《未来 ICT 产业发展战略》，提出在 2018 年平昌冬季奥运会展示 5G 试点服务，以及 2020 年前实现商业化。2016 年，发布 ICT 重大发展战略《K-ICT 2020》，战略周期从 2016 年至 2020 年，5G 是九大核心技术发展战略之一。2019 年 4 月发布实现创新增长的《5G+战略》，提出推进国家 5G 战略，以创建世界上最好的 5G 生态系统。**日本：**2016 年发布了《2020 年实现 5G 的策略》，以成立于 2014 年的 5G 移动论坛(5GMF)作为 5G 研发、标准化以及国际合作的战略指导者，从 2015 年开始通过政产学合作推动 5G 关键技术研发，并积极参与 5G 标准化活动，在政策中提出将在 2020 年东京奥运会期间商用 5G。

1.2　全球 5G 频率规划和许可进入高峰期

目前，全球各国的 5G 频谱共识已基本形成，需要中低频段与高频段协同推进。中低频段(6GHz 以下)将主要用于保障 5G 系统的连续覆盖、基本业务和高移动性，高频段(6GHz 以上)将主要为热点地区的用户提供极高传输速率和极高网络容量。全球 5G 频率规划和许可工作进展迅速，2018 年下半年至 2019 年进入 5G 频率拍卖的高峰期。总体而言，各国在 3400～3800MHz 的频段共识度较高，多国已开展该频段全部或部分频谱的许可准备，甚至已完成首批许可。在高频段方面，美国和韩国的政策推进较快，其他多个国家也正在积极论证或公开征求意见。

美国：率先发布 5G 高频段频谱计划，积极布局中低频段。在高频段方面，美国于 2016 年 7 月和 2017 年 11 月两次发布了 5G 频率计划，共计 5.55GHz 授权频率用于 5G(包括 24.25～24.45GHz、24.75～25.25GHz、47.2～

48.2GHz、27.5～28.35GHz、37～40GHz 等频段)。2018 年 11 月美国联邦通信委员会(Federal Communications Commission，FCC)先期启动 28GHz 和 24GHz 频段共计 1.55GHz 的毫米波频率拍卖，2019 年 6 月公布拍卖结果，共有 33 家竞标者获得 28GHz 频段的 2965 张许可证，29 家竞标者获得 24GHz 的 2904 张许可证。在中频段方面，美国于2018年7月再次公开征求意见,将推动3.7～4.2GHz 频段通过灵活频谱使用的方式支持 5G 系统与现有其他业务共享。**欧盟：**发布统一的 5G 频谱战略，全面提供低中高频资源，其中，3400～3800MHz 是 2020 年前欧洲 5G 系统的主要频段。目前，欧洲多国已完成了 5G 频谱拍卖。2017 年 5 月,爱尔兰完成了 3600MHz 频段附近的 350MHz 频率资源许可。2017 年 12 月，拉脱维亚完成了 3400～3450MHz 和 3650～3700MHz 的 5G 系统频率许可。2018 年 4 月，英国完成了 3.4GHz 频段的 5G 频谱拍卖，包括 3410～3480MHz 和 3500～3580MHz 频段。2018 年 7 月，西班牙完成了 3600～3800MHz 频段的拍卖。2018 年 9 月，意大利完成了 700MHz 频段(694～790MHz 频段中的 60MHz)、3600～3800MHz 频段(200MHz)和 26.5～27.5GHz 频段(1GHz)的 5G 频谱拍卖。2018 年 10 月，芬兰完成 3410～3800MHz 频段的 5G 频谱拍卖。2019 年 6 月德国完成了 2GHz(1920～1980MHz/2110～2170MHz)和 3.6GHz(3400～3700MHz)频段的拍卖。此外，法国计划 2019 年内完成 3400～3800MHz 频段拍卖，英国力争 2019 年完成 3600～3800MHz 频段拍卖。**韩国：**完成 5G 中频和高频段频谱拍卖，快速推进相关政策出台。2018 年 6 月，韩国宣布各运营商在 3.5GHz 和 28GHz 频段分别拍得 280MHz 和 2400MHz 频率资源。**日本：**中低频段资源充足，5G 新增频率聚焦中高频段。日本已于 2019 年 4 月完成了 3.6～4.2GHz 和 4.4～4.9GHz 频段，以及 27～29.5GHz 毫米波频段的 5G 频谱分配。此外，日本还计划 2020 年前在 43.5GHz 以下毫米波频段为 5G 争取更多频谱。

1.3 全球形成统一的 5G 国际标准

3G 合作伙伴计划(3GPP)作为制定 5G 标准的实质性国际标准化组织，是由中美欧日韩和印度等国家或地区的标准化组织组成，已经成功制定了 3G、4G 移动通信国际标准。3GPP 于 2018 年 6 月发布了第一版独立组网 5G 标准，这是 5G 发展过程中的一个重要里程碑。该标准主要聚焦于无线和网络框架设计，实现 5G 中低频、高频基于统一无线技术架构，重点支持增强移动宽带场景和基础的低时延高可靠业务，支持基本的网络切片和边缘计算等功能。在 5G 标准研究之初，全球产业已形成制定全球统一 5G 标准的共识，尽管 5G 国际环境复杂、各方利益存在差异，但是在全球产业的共同努力下，3GPP 按计划完成了第一版 5G 标准，即 Rel-15 标准。

考虑到全球运营商拥有的频谱、部署节奏和网络定位不同，单一的 5G 组网架构难以满足市场需求，因此 3GPP 5G 标准支持多种网络部署架构，主要是 2017 年 12 月发布 5G 非独立组网标准，2018 年 6 月发布 5G 独立组网标准。独立组网模式支持 5G 全业务能力，需要新建 5G 核心网和

5G 无线网。非独立组网是指新建 5G 基站，不需要部署 5G 核心网，新建的 5G 基站接入 4G 核心网，手机通过 4G 接入网络，在业务执行中可同时使用 4G 和 5G 传输资源，但 5G 基站不能单独工作。

当前 3GPP 正在研制完整版 5G 国际标准(R16)。该版本国际标准将于 2020 年 3 月发布，并将作为完整的 5G 标准版本提交国际电信联盟 ITU。3GPP R16 在增强移动宽带业务能力和网络架构能力的同时，将重点支持车联网、工业互联网等物联网行业增强应用场景，特别是对低时延高可靠应用场景的支持。

1.4 主要国家纷纷明确并启动 5G 商用进程

2018 年 6 月，5G 国际标准第一版本如期完成，5G 进入商用部署的关键阶段，全球主要国家纷纷加快推进 5G 商用进程。2019 年 4 月，美国和韩国争夺 5G 业务首发。**美国：**四大全国性移动运营商全面商用 5G。Verizon 于 2018 年 10 月 1 日开始基于私有标准在 4 个城市提供固定无线接入业务，2019 年 4 月，在另外两个城市推出基于 3GPP 5G 标准的移动 5G，6 月底，5G 移动服务扩大到 4 个城市。AT&T 于 2018 年底在美国 12 个城市推出 5G 商用服务，所部署的 5G 网络以支持非独立组网的 5G 国际标准为基础，初期主要面向行业用户，2019 年 4 月 AT&T 将 5G 服务扩展到 7 个城市，6 月底面向企业客户推出移动 5G 服务，开通 5G 城市总数达到 20 个。Sprint 于 2019 年 5 月底在 4 个城市的部分地区推出了 5G 服务，6 月底扩展到 9 个城市。

T-Mobile 正在寻求与 Sprint 公司合并，以获得更多 5G 频率，加速 5G 创新和部署，2019 年 6 月底在 6 个城市开通服务，使用 28GHz 和 39GHz 频段部署网络，到 2019 年底计划利用已有的 600MHz 频谱资源提供全国性的 5G 网络。**欧盟：**2018 年启动 5G 规模试验，计划 2020 年启动 5G 商用，重点支持行业应用发展。2019 年 5 月，英国电信子公司 EE 在伦敦等 6 个人口密集城市开通 5G 服务。意大利 TIM 和沃达丰均于 2019 年 6 月先后在部分地区开始提供 5G 服务。沃达丰西班牙分公司于 2019 年 6 月在 15 个城市推出 5G 商用网络，覆盖 15 个商用城市中约 50%的人口。**韩国：**运营商 KT 在 2018 年 2 月举办的平昌冬季奥运会上开展了 5G 业务演示。2018 年 12 月 1 日，韩国 SK 电信、KT 和 LG U+三家运营商同步开始 5G 商用。2019 年 4 月 3 日，三家运营商实现全球 5G 业务首发，在 17 个重点地区开通面向手机用户的 5G 移动商用服务。截至 2019 年 9 月，韩国 5G 用户数已经超过 300 万。**日本：**计划于 2020 年东京奥运会期间启动 5G 商用服务，主要针对增强移动宽带场景，采用非独立组网模式，后续将引入低时延高可靠和大连接场景，演进至独立组网模式。日本运营商在移动医疗、智慧城市、智能交通等 5G 垂直行业应用领域，以及 AR/VR、高清视频等个人用户应用开展了多方面的验证。

第 2 章　我国 5G 发展现状

2.1　中国将 5G 作为优先发展的战略领域

中国高度重视 5G 发展，《中华人民共和国国民经济和社会发展第十三个五年(2016—2020 年)规划纲要》指出，要积极推进 5G 发展，2020 年启动 5G 商用。《国家信息化发展战略纲要》强调，要积极开展 5G 技术研发、标准和产业化布局，并在 2025 年建成国际领先的移动通信网络[1]。我国与全球同步启动 5G 研发，于 2013 年由工信部、发改委和科技部推动产业界成立了 IMT-2020(5G)推进组，汇聚产学研用各方面力量，全面推进技术创新、标准研制、产业研发及国际合作工作。同时，先后通过国家 863 计划和“新一代宽带无线移动通信网”国家科技重大专项部署 5G 研发，其中，国家 863 计划自 2013 年起先后布局了 5G 网络架构、无线传输技术、无线组网技术以及新型频谱开发利用等多项 5G 关键技术研发课题，支撑我国 5G 创新技术的前期研究工作。自 2016 年起，“新一代宽带无线移动通信网”国家科技重大专项围绕总体目标和“十三五”目标，全面布局 5G 技术标准研制、产品设备研发、产业薄弱环节提升、融合应用发展，为我国 5G 商用发展奠定产业基础，取得积极成效。同时，为了推动 5G 产业加快成熟，我国于 2016 年初启动了 5G 技术研发试验，在中国信息通信研究院 MTNet 实验室和北京怀柔外场构建了满足系统设备厂商进行单站和组网性能测试的试验环境，并于 2018 年底基本完成相关测试工作，推动系统设备基本满足了商用需求。我国于 2018 年底向中国移动、中国联通、中国电信三家运营企业发放了 5G 中低频段试验频率使用许可，加之 5G 产业链主要环节基本成熟，2019 年 6 月 6 日，工业和信息化部向中国电信、中国移动、中国联通和中国广电网络四家企业发放了 5G 商用牌照，标志着我国 5G 商用的正式启动。

中国各地方政府纷纷积极布局 5G，出台各类政策性文件，争取先发优势。截至 2019 年 7 月上旬，北京、上海、广东、江西等共计 12 个省/直辖市/计划单列市发布了 5G 发展规划、行动计划、实施意见等各类政策性文件，推动 5G 在网络建设、产业发展和应用生态构建等方面的发展。其中，2019 年之前出台的政策多以网络建设为主，随着 5G 商用逐步成熟，2019 年后出台的政策多以产业和应用发展为主，并充分将 5G 发展与当地产业相结合。中国各地方政府迫切希望依托 5G 发展带动地方经济社会发展，为加快实体经济转型升级注入新活力。

2.2　我国率先发布 5G 中频频率规划并积极研讨 5G 高频频率方案

在中频频谱方面，我国于 2017 年 11 月公布了 5G 中频段频率规划，其中 3.3～3.6GHz 和 4.8～5GHz 频段可用于 5G 系统，且 3.3～3.4GHz 频段限室内使用。同时，3.4～

3.6GHz 和 4.8～5GHz 频段也是我国 5G 技术研发试验第三阶段测试的核心频率。我国认为中频段组网是 5G 商用中前期提供基本覆盖和系统容量的较佳方案，上述 5G 频率规划的正式发布将推动中频段成为未来 5G 商用的核心频率。为配合 5G 商用部署进程，推动中频段 5G 系统技术与产业成熟及应用，我国积极研究 5G 系统频率使用许可方案，重点考虑了如下因素：一是将已规划的所有中频段频率资源充分用于 5G 系统；二是在中频段许可给各运营商的连续最小带宽应相对现有 4G 系统明显提升，以体现 5G 系统性能优势；三是统筹考虑已规划的 3GHz 以下国际移动通信(IMT)频率，为 5G 系统争取更多潜在频率；四是综合考虑建网成本、系统容量、产业成熟度等因素。同时，在可供许可的 5G 中频段频率资源方面，主要考虑近期规划的 3.3～3.6GHz(3.3～3.4GHz 限室内)和 4.8～5GHz 频段，以及前期已规划的 3GHz 以下 IMT 频率(例如 2.6GHz 频段已规划但未许可的部分频率)。2018 年 12 月，我国已经正式向国内三家基础电信运营企业发放了中低频段试验频率使用许可。中国电信获得 3.4～3.5GHz 共 100MHz 带宽的 5G 频率资源；中国移动获得 2515～2675MHz、4800～4900MHz 频段共 260MHz 的 5G 频率资源；中国联通获得 3.5～3.6GHz 共 100MHz 带宽的 5G 频率资源。

在高频频谱方面，2017 年 6 月，我国发布了关于在毫米波频段规划 5G 系统使用频率的公开征求意见函，征集对毫米波频段 5G 系统频率规划的意见。同时，我国积极参与国际电信联盟关于上述频段 5G 系统与现有同频段和邻频段现有系统的兼容性研究，并开展 2019 年世界无线电通信大会(World Radiocommunication Conference，WRC)决议草案的研讨工作，推动 26GHz 和 39GHz 成为全球统一 5G 频段。2019 年 WRC 大会的结论既对 5G 高频各候选频段的全球划分及我国高频方案产生深远影响，也从保护现有业务角度对 5G 高频设备的参数和部署提出了限制，将对 5G 高频的频段选择和产业发展产生直接影响。

2.3　我国通过试验推动 5G 产业发展

为推动 5G 核心技术研发，验证 5G 技术方案设计，支撑国际标准制定，推进 5G 产业发展，在工业和信息化部指导下，IMT-2020(5G)推进组于 2016 年 1 月组织开展了 5G 技术研发试验，根据我国 5G 技术研发试验总体规划，分三个阶段实施，第一阶段(2016 年 1～9 月)5G 关键技术验证，目标是通过对 5G 关键技术试验样机的测试评估，深入分析 5G 关键技术的性能和技术潜力，推动国际标准共识形成，支撑 5G 国际标准研制。第二阶段(2016 年 9 月～2017 年 12 月)5G 技术方案验证，目标是面向 5G 典型应用场景，通过对 5G 技术方案试验样机的测试，推动系统设备厂商融合多种关键技术，形成 5G 技术方案，满足 5G 关键性能指标要求。第三阶段(2018 年 1～12 月)5G 系统验证，基于 3GPP 确定的 5G 国际标准，对厂商研发的预商用/商用系统设备进行测试，加快推动产业成熟及完整产业生态构建，为 5G 规模试验及后续商用全面开展奠定产业基础。目前，IMT-2020(5G)推进组已顺利完成了第一、二、三阶段的主要测试工作。通过第一阶段和第二阶段测试，大规模天线、新型多址、先进编码等无线关键技术，网络切片、移动边缘计算等网络关键技术以及面向 5G 三大应用场景的技术方案性能得到充分验证，为建立全球统一的 5G 国际标准和产业生态奠定了重要基础。第三阶段试验已经完成了支持非独立组网和独立组网的 5G 系统测试，并推动 5G 系统设备基本达到了预商用/商用水平。在试验中，华为、爱立信等全球主要系统设备厂商均积极参与，同时，引导英特尔、展讯等芯片企业，以及是德科技、罗德与施瓦茨、大唐联仪等仪表企业与系统设备厂商开展互联互通测试，加快构建 5G 完整产业链。后续基于 5G 技术研发试验平台，重点开展芯片与系统的互联互通测试，以及毫米波系统测试工作。自 2018 年下半年起，中国移动、中国联通和中国电信三家国内运营商正式启动了 5G 商用试验，目标是通过更大规模的组网测试，进一步优化产品性能，积累商用部署经验，推动 5G 与垂直行业应用的融合发展，为我国 5G 商用奠定良好的产业基础[2,3]。

2.4　我国成功组织“绽放杯”5G 应用征集大赛

为推动 5G 与垂直行业应用发展，IMT-2020(5G)推进组与中国信息通信研究院于 2018 年 1 月举办了“绽放杯”5G 应用征集大赛。大赛得到了全社会各行业的广泛关注，在 3 个多月的项目征集过程中，共收到 5G 应用项目 330 多个，189 家企业、高校和科研机构参与[4]。通过对本次应用大赛参赛项目进行分析，发现具备如下特点：①侧重于大带宽、低时延、高可靠场景，在征集到的大赛应用项目中既有面向 eMBB、mMTC、uRLLC 独立场景，也有涵盖 eMBB、mMTC、uRLLC 三方面的混合场景。各应用领域的多数应用项目充分利用和挖掘 5G 三大应用场景的技术能力和特点，提供综合解决方案和服务能力。其中，有 34.3%的项目聚焦 eMBB 和 uRLLC 混合场景。②5G 和大数据、云计算、人工智能等 ICT 技术深度融合，本次大赛中，大数据、云计算、边缘计算、虚拟/增强现实、人工智能等新型 ICT 技术在征集项目中得到广泛应用[5]。5G 通过与上述 ICT 技术的深度融合，产生了更具创新性的丰富应用，提升了行业应用领域的数字化、信息化、智能化水平。③5G 融合应用体系雏形逐渐清晰，5G 应用体系目前可大致分为终端层、网络层、计算处理和数据分析层、应用层四层。终端层包括传感设备、操作系统、芯片模组等，具体终端类型包含智能手机、机器人、无人机、摄像头、传感器等，实现面向应用的感知、反馈和操控等功能。网络层通过网络切片提供 eMBB、mMTC、uRLLC 三大技术应用场景所需的广覆盖、高容量、大连接、低时延等网络能力。计算处理和数据分析层将提供云计算、边缘计算、大数据、人工智能等数据处理、挖掘、分析能力。应用层在终端层、网络层、计算处理和数据分析层之上，基于下层的能力实现 5G 与工业、农业、交通、医疗、环保等各领域各行业的融合应用[4]。

第 3 章　5G 技术创新

3.1　5G 无线技术，灵活的系统设计

相对于 4G，5G 系统需要满足更高而且更全面的关键性能指标要求，其中最具有挑战的峰值速率、频谱效率、用户体验速率、时延等关键指标均需要通过无线技术的设计来实现。为迎接这些挑战，5G 在充分借鉴长期演进(Long Term Evolution，LTE)设计基础上，也引入了一些全新的设计。5G 与 4G 的无线系统设计虽然都基于 OFDM 进行，但是 5G 具有更灵活的基础系统架构设计，支持一体化的大规模天线设计，并引入多项新技术，如图 3.1 所示。在系统部署灵活性、多业务支持、频谱效率、峰值速率和时延等方面相对 4G 具有明显的优势。

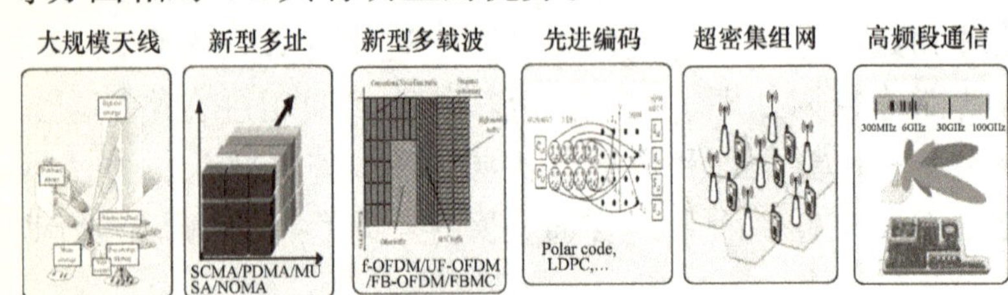

图 3.1　5G 核心关键无线技术

5G 物理层仍以正交频分多址(OFDM)和多输入多输出(MIMO)技术为基础。OFDM 与 MIMO 技术结合无论从理论分析上还是在实际系统部署中，已经被充分证明可以有

效地利用大的系统带宽和无线链路空间特性，是提升系统频谱效率及峰值速率最有效的技术。对于OFDM技术，5G下行与LTE均采用正交频分多址(OFDMA)技术；在上行既支持单载频频分多址(SC-FDMA)技术(与LTE相同)，又支持OFDMA技术(与下行相同)。在MIMO设计上，5G设计支持了不同的MIMO传输技术，同时采用了接入、控制与数据一体化的设计，充分考虑了在不同条件下的覆盖、移动性与高速率数据传输的融合方案。

MIMO设计是5G新空口设计的重要基石。MIMO设计核心是利用发射端和接收端多个发射天线和接收天线，使信号通过发射端与接收端的多个天线传送和接收改善通信质量。5G MIMO设计支持开环空间复用、半静态开环复用、闭环空间复用、波束赋形、多用户MIMO等一系列多天线基础技术。在实际的网络部署中，5G系统将根据不同的信道条件来自适应地选择所使用的多天线技术，从而达到增加覆盖和提升用户数据速率的效果。为了更好地匹配信道的快速变化，5G下行不再采用基站直接向终端进行多天线技术指示，而是采用隐式的与终端的信道反馈结合的方式来进行多天线发送技术的选择。相应地，5G采用了多套码本设计、不同精度的信道状态信息反馈类型、多种信道测量机制、信道反馈机制及配套的多种导频设计。5G系统设计需要支持到100GHz，随着频率的升高，天线系统使用的天线个数也相应增加，但是单天线的覆盖距离受路径损耗的影响快速降低，这给5G的多天线设计带来巨大挑战。为了更好利用天线增多带来的好处，同时克服路径损耗增大带来的不利影响，5G对于波束赋形进行了重点支持。波束赋形技术通过调整不同天线的相位，使得天线发送能量集中在特定的方向上，从空间上看形成集中的波束。通过对于空间波束的有效控制，可以有效实现提升本小区覆盖，同时抑制对其他小区干扰的目的。为了系统性地使用波束赋形带来的增益，5G 系统不仅数据传输使用波束赋形技术，对于广播信息、控制信息的传输也采用了波束赋形技术。进一步地，为确保上述各种信息更好地衔接，承载不同类型信息的信道采用了一体化的波束赋形设计，即采用相同的波束对同一用户的广播、控制和数据进行精准的发送。

5G 新空口相对 LTE 系统引入了多项基础性的新技术。新技术中最具有代表性的在信道编码领域，新空口采用了数据信道 LDPC 码、控制信道 Polar 码的组合，替代了 LTE 数据信道 Turbo 码、控制信道 TBCC 码的组合。LDPC 码相对 Turbo 码具有更低的编码复杂度和更低的译码时延，可以更好地支持大数据的传输。而 Polar 码在小数据包的性能优势将有效提升新空口的覆盖性能。其中 Polar 码进入 5G 国际标准对 5G 系统具有非常重要的意义。编码是整个通信理论的基础，新的编码方式出现属于基础性的理论创新。Polar 码是编码届的新星，于 2008 年由土耳其的毕尔肯大学埃达尔 · 阿利坎(Erdal Arikan)教授首次提出。Polar 码提出之后就受到了各方关注，尤其是以华为为代表的中国公司对 Polar 码进行了系统研究和推进。Polar 码根据信道的极化特性进行构造，能够很好地逼近香农极限，尤其在短码的设计上，性能相比 4G 时采用的 TBCC 码有超过 30%的性能增益。Polar 码进入 5G 国际标准，一方面使 5G

在性能上相对 4G 得到明显提升，另一方面也显示了 5G 国际标准对于新技术的开放性。

5G 采用更加灵活的基础系统架构设计，5G 灵活的系统架构设计主要体现在灵活的帧结构设计和灵活的双工设计两个方面。

(1) 5G 帧结构设计的核心在于时分双工(TDD)的设计。5G 系统使用超过 100MHz 带宽，对于大带宽的系统，主要以 TDD 频谱为主，如 2.6GHz、3.5GHz、4.8GHz 频段等 5G 主要频段都是 TDD 频段。5G 的 TDD 帧结构支持多样化的周期配置，每个周期内也支持更加灵活的上下行配置。4G LTE 系统中，支持 7 种 TDD 帧结构配置，配置周期为 5ms 或 10ms，这样整个 LTE 系统的整体时延也在 10ms 量级。在 5G 设计中，支持了 1ms 以内到数十毫秒的周期配置，灵活度大大提升。5G 将面向物联网与互联网等多个场景，服务业务类型相比 4G 也更加多样化。不同的业务从上下行比例及业务变化的周期上呈现不同特点。因此 5G 每个周期内上下行符号的比例变化有更高要求。5G 采用了半静态帧结构配置和完全动态的帧结构配置结合的方式进行帧结构毫秒量级的调整。为了进一步满足毫秒量级的数据传输时延要求，5G 还支持了基于超短帧或迷你时隙(Mini-slot)的调度与反馈，进一步把 5G 的数据传输时延控制在 1ms 以内。

(2) 灵活的双工设计也是 5G 系统设计的一个关键点。在 4G 中，两种双工(频分双工(Frequency Division Duplex，FDD)和时分双工(Time Division Duplex，TDD))方式的使用各遵循一定的规则。TDD 系统配置通过保护间隔设置等方式避免不同小区上下行间的干扰。FDD 系统在对称频谱上进行上下行的绑定使用。5G 的设计中，为提高频谱使用效率，逐步支持一些更灵活的设计：

首先，5G 引入了上下行解耦技术。上下行解耦的核心是打破了 4G 系统中一个下行载波只配置一个上行载波的设计(FDD 系统上下行载波位于对称频谱上，TDD 上下行载波相同)，除支持一个下行载波配置一个对应的上行载波外，可配置多个上行载波。额外配置的上行载波也称为增补上行载波(Supplementary Uplink，SUL)。对于部署在较高频率的 NR 载波，可以配置一些低频的频谱，如现有较低频段 FDD 载波的上行频谱，作为 SUL 载波。这样既可以提高 NR 覆盖范围，又可以提升整个系统使用效率。

其次，5G 支持对称的上下行波形设计，即上下行都支持相同的 OFDM 波形设计。在 4G LTE 中，下行采用 OFDMA 技术，上行采用 SC-FDMA 技术。5G 中上行既支持 SC-FDMA 技术，也支持 OFDMA 技术，基站可以根据网络实际情况进行灵活配置。当上下行都采用 OFDMA 技术时，上下行波形对称，接收机可以把上行和下行信号进行联合处理，采用更好的干扰删除技术，提升系统性能。同时，OFDMA 与 MIMO 技术也可以更好地结合，相对 LTE 系统有效提升了上行频谱效率。

3.2 5G 核心网络，开放的网络架构

第一版本 5G 网络技术标准主要包括 5G 系统架构、业务流程、策略和计费控制、安全架构和流程、5G 安全保障

等方面的内容。第二版本 5G 网络技术标准将进一步提高增强移动宽带(eMBB)业务能力和网络基础能力，同时，重点研究对物联网和垂直行业应用的支持，涵盖服务化架构增强、支持低时延高可靠、大数据/人工智能使能网络自动化、网络切片增强以及网络安全增强等内容。

5G 整体架构延续 4G 网络特点，仍采用接入层、核心网层和应用层三层架构。不过，为了支持 5G 时代更加多样化的业务场景，以及更高的性能指标，5G 核心网架构有了突破性变化；另外，5G 网络采用更灵活的安全保护机制，可提供比 4G 系统更强大的通信安全能力。

5G 网络架构基于统一基础设施平台，灵活分配网络、存储和计算资源，将分布在传统网络域(如接入网、核心网和业务网)内的网络功能进行重组，采用功能平面划分更合理的统一的端到端网络逻辑架构，如下图所示。

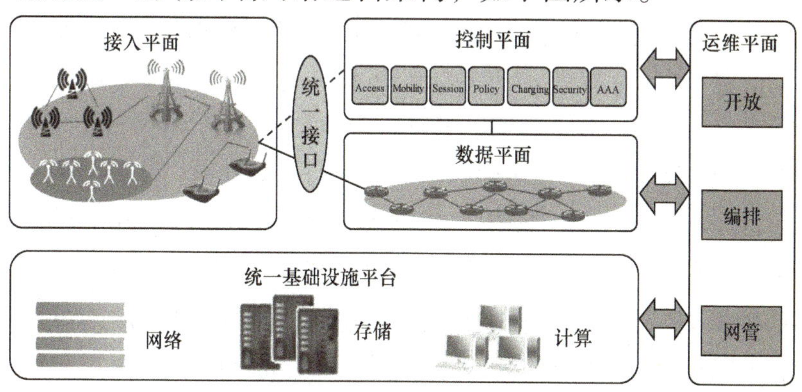

图 3.2　5G 网络逻辑架构图

图 3.2 中，5G 网络逻辑上划分为 4 个功能平面：接入平面、控制平面、数据平面和运维平面。接入平面基于多站点协作、多制式融合技术等构建更灵活多样的接入网拓

扑结构，满足多接入技术共存，接入技术与网络解耦等需求；控制平面相关网络功能可集中部署，逻辑功能可灵活重构，能支持按需的接入、移动性和会话管理，支持动态灵活的精细化资源管控和全面能力开放；数据平面具备分布式的数据转发和处理功能，与控制平面分离，部署时可进一步下沉到网络边缘，以便提供更低时延的数据转发能力；运维平面采用统一服务管理平台，基于开放的网络接口，实现网络功能编排和网络管理自动化。

5G新型核心网利用服务化架构、网络切片、边缘计算、网络能力开放等技术满足各行业需求。相比4G，5G网络架构具有以下显著特点：

(1) 5G网络采用服务化架构(SBA)。服务化架构中，网络架构由“基于网元”向“基于网络功能”转变，即5G核心网由多个网络功能(NF)组成，不同的NF可以提供不同的服务供其他NF使用。5G网络的各个NF之间的服务提供和使用关系是非常灵活的，即一个NF可以使用一个或多个NF提供的服务，同时一个NF可以为一个或多个NF提供服务。基于软件化和虚拟化技术的5G服务化架构具备了模块化、可重用、自包含的能力，每一个服务就是一组软件，实现一个基本的网络功能，就像一块积木，需要时可以添加到系统架构中，不需要时可以很方便地从系统中移除，该特点既有利于网络灵活部署和平滑演进，也有利于根据具体业务需求将不同的服务组件构建成特定网络切片，以便满足不同业务的差异化需求。

(2) 网络切片技术使得网络运营者能够在统一的基础设施上部署多个逻辑上相互独立的差异化网络。所谓网络切片，是指为服务一个行业或者一类终端或者某些特定场景，从网络中选取特定的功能，订制出的一个逻辑上独立的网络，即在一个物理网络上切分出多个逻辑网络，相当于为每一个服务搭建一个专用网络，从而满足垂直行业多元化需求。通过网络切片技术可实现根据业务场景需求对网络功能进行定制剪裁和灵活组网，从而优化业务流程和数据路由；也可以根据业务模型对网络资源进行动态分配和调整，从而提高网络资源利用率；还可以隔离不同业务场景所需的网络资源，提供网络资源保障，从而增强整体网络健壮性和可靠性。5G 网络切片主要包括三大类型：eMBB(增强移动宽带)、uRLLC(超可靠低时延通信)和mMTC(海量机器类通信)。

(3) 边缘计算(MEC)是 5G 面向应用的核心创新技术之一，它的本质是在网络边缘，在靠近用户的位置上，提供 IT 的服务、环境和云计算。MEC 可改变 4G 系统中网络与业务分离的状态，将业务平台下沉到网络边缘，为移动用户就近提供业务计算和数据缓存能力，实现网络从接入管道向信息化服务使能平台的重大转变。MEC 的主要特点是支持低时延、高带宽以及无线网络信息开放。运营商基于 MEC 技术可将 5G 的应用服务和内容部署在分布式的环境中，可实现将业务分流到本地进行处理，进一步提升网络数据处理效率，满足终端用户的极致体验，满足垂直行业对网络低时延、大流量以及安全等方面的诉求；同时 MEC 可以和移动性管理、会话管理等控制功能结合，进一步优化服务能力，例如，随用户的移动过程灵活迁移应用服务器和重选业务链路径，获取网络负荷和用户等级等参数，从而根据这些信息对本地服务进行优化控制等。

(4) 5G 中引入网络能力开放的概念。网络能力开放的目的在于向第三方应用服务提供商提供其所需的网络能力，包括用户位置信息、网元负载信息、网络状态信息、运营商组网资源、定制化的网络功能参数、基于动态 DPI(深度包检测)的灵活 QoS(服务质量)策略、个性化切片以及流量路径管理等，而运营商网络需要将上述信息根据第三方应用服务提供商的具体需求进行适配处理，以便提供给第三方使用，从而更加精细化和智能化地满足多样化应用对网络服务的需求。5G 网络控制功能逻辑集中并采用中心式部署，与能力开放平台间采用统一接口，实现第三方对网络功能(如移动性、会话、QoS 和计费等)的统一调用。

另外，5G 引入更加复杂和灵活的网络安全架构。该架构可满足 5G 多样化业务场景的安全需求，其设计原则包括体现统一认证框架和业务认证，支持用户隐私保护，支持服务化架构的安全以及不同场景按需的安全保护，具体如下：

(1) 5G 网络采用统一的认证框架来融合不同的接入认证方式。由于 5G 应用场景的多元化，5G 网络需要支持多种接入技术，而不同接入技术有不同的安全需求和接入认证机制；另外，用户在使用 5G 业务时，使用同一个终端在不同接入方式之间进行切换或使用不同终端进行同一个业务时，要求能实现快速认证以保持业务的延续性，为了满足以上应用场景需求，5G 网络采用统一的认证框架，并优化现有安全认证协议，从而提高终端在异构网络间进行切换时的安全认证效率，同时还能确保同一业务在更换终端或更换接入方式时连续的业务安全保护。

(2) 5G网络采用差异化身份管理机制以及匿名化技术来保护用户隐私。在5G应用场景中，不同终端设备能力差距大，身份标识及认证凭证也存在多种不同的类型，为了给用户提供多样化的隐私保护能力，5G网络采用差异化身份管理系统，同时支持多种不同的认证方式、不同的身份标识及认证凭证，并采用匿名化技术增强用户身份标识的隐私保护能力。

(3) 5G网络采用更灵活的安全机制。5G网络引入了网络功能虚拟化(NFV)技术，网络功能由软件实现，不再依赖于专用硬件平台。这种情况下，采用全生命周期安全加固技术保障5G业务在NFV环境下的安全运行；另外，5G网络为了更好地支持三大业务场景，将通过建立网络切片，为不同业务提供差异化的安全服务，根据业务需求针对切片定制其安全保护机制，实现客户化的安全分级服务；基于多层次的切片安全机制来保障切片安全，即保障UE和切片间安全、切片内NF(网络功能)与切片外NF间安全，以及切片内NF间安全；低时延业务场景下，5G核心网将采用MEC技术控制功能部署在接入网边缘或者与基站融合部署，数据网关和业务使能设备也会根据业务需要在全网中灵活部署，随着核心网功能下沉到接入网，5G网络提供的安全保障能力也将随之下沉，从而保障MEC业务的安全运行；另外，5G网络将在核心网与外部第三方网元，以及核心网内部网元之间提供更高更灵活的安全能力，实现业务签约、发布，以确保每用户每服务都有安全通道。

(4) 5G网络为不同应用场景提供按需的安全保护，可满足业务多样化的时延要求、终端设备的生命周期要求。5G 时代不同的业务会有不同的安全需求，例如，车联网业务需要高可靠性安全保护，而部分物联网业务只需要轻量级的安全解决方案，5G 将通过支持用户面的按需安全保护需求，来满足差异化安全需求。

3.3　5G 承载网络，大带宽低时延高精度

与 4G 相比，5G 三大业务场景和网络架构向承载网络提出了更大带宽、超低时延、高精度同步三大性能特性需求和分层组网、灵活连接、4G/5G 混合承载、网络切片、协同管控、低成本高速光互连六大功能特性需求。从分层组网和网络架构来看，5G 承载网络由提供 AAU 和 DU 或 BBU(CU+DU)之间连接的前传网络、DU 和 CU 之间连接的中传网络、CU 或 BBU 和核心网元之间连接的回传网络，以及核心网元之间的 IP 承载网组成，还包括承载网络管控系统，以及为 5G 基站提供同步信号的同步支撑网络。5G 前传网络有光纤直连、无源波分复用(WDM)等多种技术方案，需要结合光纤资源、基站规模、建设成本和运维方案综合选择。我国运营商的 5G 中回传网络技术正在开展两大类技术方案的创新实践，第一类技术方案主要基于 IP/MPLS 和以太网的 4G 分组化承载网络技术进行演进和创新，第二类技术方案是基于时分复用(TDM)和波分复用(WDM)的光传送网络(OTN)进行低时延和 L3VPN 技术的增强。5G 同步网络也面临着 5G 初期是维持与 4G 相同的同步指标要求，还是力争满足更高精度时间同步指标要求

的试验阶段。在 5G 核心网 SDN 和 NFV 化，以及网络切片服务发展驱动下，5G 承载网络的管理控制系统也正向支持虚拟网络资源的协同编排、全生命周期流程化管理、自动化和智能化运维方向发展。如图 3.3 所示。

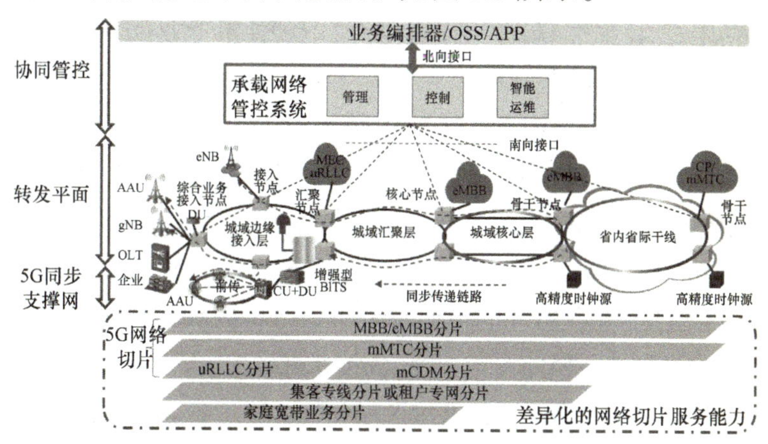

图 3.3　5G 承载网络的总体架构

多样化的 5G 前传网络技术需满足低成本和易运维需求。与 4G 无线接入网架构不同，5G 无线接入网引入了 AAU、DU 和 CU 的三层架构模型，并逐步从 D-RAN 向开放云化的 C-RAN 方向发展。前传网络主要实现 AAU 和 DU 或 BBU 之间的多路 25GE eCPRI 信号传输，目前存在多种技术方案，包括光纤直连、无源 WDM、有源 WDM、高速 PON、基于以太网的 TSN 等，每种技术方案各具优缺点，运营商将综合考虑机房空间、电源容量、光缆管线等资源条件，以及基站规模、建设成本、运营成本和维护便利性等需求进行综合评估和规划部署。对于光纤资源较丰富的区域，5G 前传网络主要以光纤直连为主；对于光纤资源紧缺和网络运维要求低的区域，则主要采用无源

WDM 技术方案；对于光纤资源紧缺、大规模部署 C-RAN 以及对网络运维能力要求较高的区域，可采用有源 WDM 或小型化传输设备方案；对于家庭宽带和 5G 小基站统一接入的区域，可采用高速 PON 系统实现固移融合接入；对于应用在工业互联网中自动化产线控制和企业园区内部的 5G 基站，可采用基于以太网的 TSN 技术实现局域组网。

面向 5G 网络切片的分组化承载技术进入融合创新变革时代。在 4G 时代，国内外的回传网络技术处于 IP RAN 和分组传送网络(PTN)共存发展状态。在 5G 时代，为了实现三大类业务场景和高品质专线业务的综合承载，中回传网络需支持网络切片的带宽、时延、可靠性和运维能力的差异化传送服务，因此分组化承载技术进入融合创新的变革时代，切片分组网络(SPN)和 IP RAN 增强技术方案应运而生。

中国移动联合中国信息通信研究院、国内外主要设备商和芯片商，在基于传送的多协议标签交换(MPLS-TP)的 PTN 技术基础上，提出了新一代切片分组网络(SPN)架构，实现了技术体系的融合和突破性创新：一是依托以太网技术和产业的强大生命力，在数据链路层引入面向数据中心互连的灵活以太网(FlexE)链路接口技术，并对其 TDM 时隙分配技术创新增加了交叉连接、操作运维管理(OAM)机制和小于 50ms 的快速网络保护能力，使其成为支撑 5G 超低时延高可靠通信(uRLLC)业务和高品质专线业务的端到端网络硬切片技术保障；二是在分组传送层引入支持 SDN 架构和增强 L3VPN 扩展能力的分段路由(SR)技术，并结合 MPLS-TP 技术优势，增强为支持南北向业务 SDN 管控的 SR-TP 技术，以及支持东西向业务动态灵活连接的 SR-BE

技术。在 2017 年完成了网络架构和关键技术的系统设计和原型设备测试验证；在 2018 年重点开展了 SPN 设备组网方案评估验证和国内外技术标准立项推广工作，ITU-T SG15 已于 2018 年 10 月正式确立 SPN 的网络接口 G.mtn 新标准，获得了国内外运营商、设备商(华为、中兴、烽火、爱立信和诺基亚等)、芯片商(博通、Microchip、盛科等)和仪表商的广泛支持和关注；2019 年已进入 SPN 现网规模试点验证、设备批量集采和国际标准化推进的关键阶段，2019 年 7 月的 SG15 全会拟新确立 MTN 网络架构、设备功能、网络管理和线性保护四项标准，G.mtn 系列标准已被 SG15 正式宣布为新一代 5G 传送网络技术方案。

IP RAN 增强技术方案主要在 4G 的 IP RAN 基础上，引入了 SR、EVPN 和 FlexE 接口技术，并向 SDN 管控方向发展；在城域汇聚核心层，采用基于 IETF 的 SR 和 EVPN L3VPN 替代 IP/MPLS 的 HoVPN 方案；在城域接入层，采用 EVPN 的 L2VPN 替代 VPWS/VPLS 方案；在网络接口上采用 OIF 标准规范的 FlexE 技术实现网络硬切片保障；采用 SDN 技术实现网络智能管控与运维。2019 年，中国联通和中国电信都在 4G 回传的 IP RAN 现网上开展了 5G 回传网络的扩容和升级工作，实现了 4G 和 5G 基站的混合承载，并面向 SA 试点应用 IP RAN 增强技术方案。

基于 5G 对网络切片和超大带宽的传输需求，中国电信联合国内外厂商提出面向移动承载优化的分组增强光传送网(P-OTN)技术方案，通过支持 25G/50G 传输接口、单级复用、灵活时隙结构、简化开销等技术，期望实现低成本、低时延和低功耗的 5G 中回传网络方案。2018 年 10 月，

ITU-T SG15 正式确立 OTN 扩展支持 25G 和 50G 线路速率的 G.709-25G-50G 新标准。在数据转发层面，分组增强 OTN 通过引入 IP/MPLS 和 SR 提供 L3VPN 路由转发和统计复用功能，通过 ODUflex+FlexO 提供网络硬切片的低时延和灵活带宽能力，通过简化传统 OTN 的管理开销和映射复用路径来降低设备复杂度和成本。在管理控制面，通过引入 SDN 架构，为 5G 业务提供 L1 硬切片和 L2/L3 软切片的按需承载能力。在业务层面，通过 EVPN 实现业务控制的统一和简化。2018 年，中国电信联合华为、中兴、烽火等厂家进行了基于 OTN 的 5G 前传试点，2019 年开始在现网试点验证基于 P-OTN 的 5G 回传方案。

高精度时间同步技术是 5G 网络部署和业务创新发展的必要支撑。长期以来，运营商主要采用在基站加装卫星接收机的方式满足无线移动通信系统的同步需求。在 4G 时代，部分运营商已通过承载网络提供地面同步方式为基站提供同步信号，一般作为卫星同步的备用，或用于解决卫星信号难以覆盖区域的基站同步，如地铁、地下车库、部分城区高楼等。在 5G 时代，同步需求具有精度要求更高、应用场景更复杂、安全可靠性要求更严格等特点，为满足 5G 基站同步需求、解决卫星覆盖盲点以及提升 5G 网络安全可靠性，研究建设自主可控、安全可靠的高精度地面时间同步网是大势所趋。高精度地面时间同步网需解决高精度源头、高精度同步传输和高精度同步监测等关键技术。从高精度源头技术来看，卫星单频单向授时可能无法完全满足高精度同步需求，当前双频技术更适合于高精度时间同步网的建设部署，共视技术可用于网络时间性能集中监控和高精度测试仪表；从高精度时间同步传输技术来看，由于 IEEE 1588v2 技术在电信网中应用规模大、成熟度高、互联互通性好，因此是 4G 和 5G 时间同步的基本传输技术，建议在现有配置基础上通过优化实现细节提升精度，有利于 5G 高精度时间同步网络的快速部署和成熟商用。考虑到 1588v2 技术在实际应用中易受光纤不对称性影响，建议在条件具备时，5G 前传和回传网络尽量采用单纤双向方式进行部署；从高精度同步监测技术来看，存在基于卫星信号的绝对监测和基于设备自身功能的相对监测等方式，可根据业务要求、网络规模、成本预算等因素进行选择。

基于 SDN 的承载网络管控系统应具备网络切片协同服务能力。5G 网络切片服务涉及无线、核心网和承载网络，运营商正在大力开发建设新一代运营支撑系统(OSS)和业务编排系统，通过统一开放的北向接口实现与无线、核心网和承载网络三个专业管控系统的业务调单下发和网络信息交互，采用 SDN 和 NFV 架构实现端到端业务开通和网络切片资源协同管控，并利用大数据和人工智能(AI)技术提升业务自动化部署和网络智能运维能力。5G 承载网络管控系统需分别为 eMBB、uRLLC、mMTC，以及专线等其他业务按需提供差异化的网络切片服务，根据各类业务对带宽、时延和可靠性等服务等级协议(Service Level Agreement，SLA)指标的需求差异，提供虚拟网络资源编排、端到端业务配置、性能和告警的智能化运维的全生命周期服务，提升 5G 服务于全社会的网络运营能力。

第4章　5G未来展望

4.1　5G标准持续发展，实现更高效的万物互联

已发布的5G基础标准(R15)主要聚焦无线和网络框架设计，支持移动宽带场景和基础的低时延高可靠业务，第二版(R16)5G标准将重点提升以低时延高可靠场景为代表的垂直行业应用的支持，同时还将持续增强5G移动宽带能力。在增强移动宽带业务能力提升方面，R16将引入增强多天线传输技术、免许可5G技术、非正交多址技术等。多天线技术能有效地提升系统容量，R16正在研究如何为发送端提供更多多天线传播信道信息，以提升多用户同时传输的性能，此外，研究多个收发点(TRP)或天线面板同时传输数据，通过多路径的信息传输提升可靠性和容量。在有效利用许可频谱资源的同时，3GPP正在研究如何在免许可频谱上使用5G技术，拓展5G应用，重点研究如何满足免许可频谱的管理规定，实现与其他无线技术的共存。非正交技术通过多用户叠加传输，可有效提升系统吞吐量和用户容量。在网络基础能力提升方面，将进一步完善服务化架构，提供端到端网络切片能力，实现网络按需定制。此外，5G网络将全面融合网络数据采集与分析功能，打通终端、无线、网络和业务的数据通道，提供大数据分析和人工智能的应用基础平台，进一步提高5G网络的部署和

优化效率，提升资源利用率，降低网络的规划、建设、优化和运维成本。在垂直行业方面，5G 将支持车联网、工业互联网等物联网应用。5G 车联网在 4G 为车辆提供安全告警类业务能力的基础上，支持远程驾驶、车辆编队、扩展传感等新业务，全方位地服务于车-车、车-人、车-路。在工业物联网方面，优化 5G 协议和网络，支持与工业以太网、时间敏感网的融合，并进一步提升时延和可靠性等基础网络性能，满足多样化工业场景业务需求[5]。

目前，低功耗广覆盖(LPWA)物联网场景主要依靠 NB-IOT 和 eMTC 来承载，针对 5G 海量机器类通信的物联网场景，3GPP 将在 R17 版本中进行研究，重点满足中等传输速率和大连接等区域覆盖的物联网应用需求，如工业无线传感器等。

4.2　积极推动中频频谱许可出台和高频频谱研究

随着 3GPP 于 2018 年 6 月完成了 5G 第一个标准版本的制定，各国在 3400～3800MHz、26GHz 和 28GHz 等频段的清理和拍卖进度明显加快，释放出引导和推进各频段产业化进程的强烈信号。目前，全球业界普遍认为中频段是较有潜力的全球 5G 统一频段，该频段具有可用带宽大、全球产业链一致、频段易于使用 5G 技术等优势，对 5G 网络性能和建网成本有重大影响。因此，尽快明确和落实中频段用于 5G 系统的各项频谱政策，将从政策层面为 5G 设备研发和商用运营规划提供明确信息，有利于充分发挥频谱先行引导产业发展的积极作用。2019年世界无线电通信大会(WRC-19)即将召开，高频段将为5G系统中长期发展提供更多资源。2018年8月，ITU完成了5G高频候选频段兼容共存研究，为WRC大会起草准备了频谱政策和兼容性技术要求的建议。各国政府关于5G高频新增的统一频段及相应技术要求将在2019年11月的WRC-19大会上形成共识性结论。我国认为高频段是5G的重要频段，适用于提升室内或热点区域的系统容量，应尽早组织开展设备研发及产业布局。根据产业界初步测算，800MHz至1GHz以上连续大带宽可突出5G系统极高传输速率和系统容量的性能优势。在5G高频共识进一步明朗后，宜适时出台规划方案，为5G长远发展提供充足的频率资源。

4.3　推动 5G 产业链主要环节达到商用水平

随着3GPP完成5G国际标准第一版本的制定，5G发展进入商用部署的关键时期，全球主要国家纷纷明确5G商用计划，积极推进5G频谱规划与分配，开展5G试验和融合应用探索，加快推进5G产业化和商用进程。2019年是实现5G商用的关键一年，其中推动5G产业链主要环节达到商用水平是顺利实现5G商用的关键。我国高度重视5G发展，通过5G技术研发试验加快推进5G产业发展及完整产业生态构建。当前，我国5G技术研发试验已基本完成，并推动5G系统设备达到了商用水平。此外，我国也在大力推进终端芯片和商用手机终端研发，积极组织芯片厂商、终端厂商与系统设备厂商开展互联互通测试，目前芯片厂商已经推出了 5G 商用芯片和 5G 商用终端。在国家科技重大专项课题的支持下，在一些重点城市组织开展 5G 商用试验,加快推动 5G 产业链主要环节达到商用水平，积极探索 5G 与垂直行业融合应用发展，为 5G 成功实现商用奠定良好基础。

我国 5G 商用初期将重点聚焦在中频段开展网络部署，毫米波商用预计将在 2022～2023 年启动，为满足 5G 超高传输速率和超大容量网络需求，毫米波频段丰富的连续频谱资源将发挥重要的作用，为此，在积极推进中频段产业成熟及商用部署的同时，需加快推动 5G 毫米波频谱规划及关键技术研发。当前，IMT-2020(5G)推进组依托 5G 技术研发试验平台，组织产业界开展毫米波关键技术研究及设备的测试验证。此外，我国也在针对潜在的毫米波重点频段开展共存及兼容性研究，积极推进毫米波频段的频谱规划工作，将从政策层面为 5G 设备研发和商用运营规划提供明确信息，有利于充分发挥频谱先行引导产业发展的积极作用。

4.4　加快推进 5G 与垂直行业融合应用发展

与垂直行业融合应用是 5G 时代的新命题，跨界融合将在未来很长时间持续探索发展。我国需要积极推动 5G 与云计算、大数据、人工智能等结合，加快工业互联网、车联网等应用场景、业务需求和解决方案研究，促进基于

5G 的新媒体、车联网、工业互联网等融合应用的产品研发，积极推进重点行业的应用示范，以试带用，形成技术、标准、产业、应用的良性循环。积极推动 5G 与垂直行业应用的融合创新，与各行业联盟、标准组织和龙头企业开展全方位多层次合作，探索合作共赢的 5G 融合应用新模式和新业态。

提高感官互动体验，云化虚拟现实(云 VR)成为 5G 时代较抢眼的应用之一。云 VR 是借助近眼显示、感知交互、渲染处理、网络传输等技术手段，提供身临其境的一种用户体验的应用。VR 技术可与众多传统行业结合，释放传统行业活力。如 VR+文化娱乐可为用户带来真实的感官体验，VR+工业生产可提高生产效率并能解决生产困境等。5G 云 VR 将内容处理与计算能力置于云端，并将内容以视频流的方式推向用户，大幅降低终端计算压力，以便终端以轻量的方式运行，同时借助 5G 网络高带宽超低时延的特性，提供较低的消费成本和良好的用户体验。

车联网向主动安全和交通效率提升类应用发展，并研究支持实现自动驾驶的协同服务类应用。信息服务类应用已经完全融入到用户的汽车驾驶生活当中，包括在线导航、拥塞提醒和多媒体下载等信息娱乐服务，以及逐步衍生出的共享出行、车辆全生命周期管理、车联网保险等创新服务业务；随着 LTE-V2X 等低时延、高可靠车联网无线通信技术的成熟，可以支持实现主动安全预警和交通效率提升类应用，包括前向碰撞预警、十字交叉路口碰撞预警、红绿灯诱导通行和道路危险事故预警等；未来，5G 等技术将支持构建“人车路云”高度协同的互联环境，实现车路协同控制、远程遥控操作等高级别自动驾驶业务，最终支撑实现完全无人驾驶。

工业互联网与5G融合应用仍处于探索阶段。2019年，工业企业与通信设备商、运营商等将在更大范围内联合开展 5G 应用创新试验，业务范围将从生产辅助业务向与工业生产核心业务相结合的方向发展。一是受益于我国 5G 宣传普及和试验工作，工业企业对 5G 的了解及接受程度将逐步增强，除南方电网、富士康等企业外，将会有更多的工业企业开始与运营商、设备商等开展工业互联网创新应用探索。二是工业企业在 5G 应用探索方面从初始阶段利用 5G 进行视频监控、远程维修等，向利用 5G 实现生产设备控制、产线产品识别检测等工业核心业务结合方向发展。

健康产业与互联网技术融合创新的基础正是移动通信技术的发展。目前，医疗信息化建设已经基本完成。医院内部处于从有线到无线过渡的阶段，医疗资源供需失衡、医疗成本昂贵等问题有所缓解。现阶段信息技术在真正的诊断、手术中的应用还需要寻求突破，在管理体系、技术手段及应用效果等方面与国外仍存在差距。5G 技术与医疗领域的创新融合将催生出多种医疗场景。随着 5G 的商用，便携、无线化医疗设备资源将逐步走进基层医疗机构和个人家庭，应用场景趋于个性化、专业化。从长远来看，医疗信息化标准的建设是无线医疗发展的着重点。在未来，整个医疗信息服务也从无线化向远程化、智能化的方向演进。

4.5 积极开展 5G 增强及 6G 技术研究

6G 标准研究预计将于 2023 年启动。第三代合作伙伴计划(3GPP)将于 2020 年 3 月完成 5G 完整版本国际标准研制，2019 年底将启动 5G 增强(B5G)标准化研究工作，预计 2023 年将启动 6G 技术研究与标准化工作。国际电信联盟(ITU) 2019～2023 年主要面向 5G 和 B5G 技术开展研究，并计划 2020～2023 年将启动对 6G 愿景及技术趋势的研究，当前业界主流企业普遍认为新一代 IMT 技术预计将在 2023 年的 RA-23 会议上进行讨论。电气和电子工程师协会(IEEE)于 2019 年 3 月在芬兰组织召开了全球第一届 6G 无线峰会，邀请了工业界和学术界专家发表对 6G 的最新见解，探讨实现 6G 愿景需应对的理论和实践挑战。

全球部分国家和地区已启动 5G 增强和 6G 技术研究。欧盟于 2017 年 9 月启动了 6G 基础技术研究项目，主要研究高速数据传输条件下的新型编码与调制技术，此外，欧盟还启动了多个太赫兹研发项目。美国联邦通信委员会(FCC)于 2019 年 3 月宣布开放面向未来 6G 网络服务的太赫兹频段(95GHz～3THz)，用于 6G 技术试验使用。美国在集成电路产业领域一直处于领先地位，对于 6G 的研究也更加注重微电子领域。美国国防部高级研究计划局(DARPA)于 2016 年启动了联合大学微电子项目(JUMP)，支持太赫兹器件等 6G 潜在技术研发。日本将开发太赫兹技术列为“国家支柱技术十大重点战略目标”之首，并在 2019 财政年度提出将投入 10 亿多日元的预算支持相关技术研究。日本 NTT 集团持续开展轨道角动量(OAM)技术及太赫兹通信技术研究，并已取得阶段性成果。

我国与国际同步启动 6G 研究。2018 年 1 月，工业和信息化部下发了《关于启动下一代移动通信技术(6G)研究工作的通知》，正式启动 6G 研究工作。目前我国已组织成立 6G 研究组，下设需求、无线技术、网络技术、频谱、标准与国际合作共 5 个工作组，全方位推进我国 6G 研究工作。

第 5 章　我国 5G 热点亮点

5.1　我国支撑 5G 统一国际标准按期完成

我国主推灵活 5G 系统设计方案获业界认可。5G 支持多业务、多场景、低高频部署，国内外一致认同 5G 灵活系统设计的思路，5G 新空口支持多参数集、自包含帧结构、灵活 TTI 设计、灵活波形等技术方案。

我国在 3GPP 提出的极化编码方案成为 5G 控制信道编码方案。作为无线通信领域的核心技术之一，信道编解码方案性能的改进可直接提升网络覆盖能力。我国企业积极投入极化码生成序列和可靠度等技术方案研究和设计、性能评估和优化，推动极化码成为 5G 新空口控制信道编码方案。同时，我国积极参与数据信道编码 LDPC 方案的奇偶校验矩阵、码率等方案的确定。

大规模天线是提升 5G 系统性能的有效技术手段之一。大规模天线是国内外公认的 5G 无线重要技术方案，我国在延续 4G 多天线技术成果的同时，积极投入 5G 大规模天线研究和技术积累，特别是在半开环传输模式、波束管理、反馈优化及增强设计等方面，形成一定技术积累，并持续推动国际标准的确定。

我国主推 5G 新型网络架构方案。5G 核心网采用基于服务的网络架构设计，新架构采用基于 HTTP 的接口协议，能够针对不同业务场景快速开发定制化的网络业务流程；轻量化的网络服务可灵活的组合与部署，实现网络切片和边缘计算。

5.2　我国加快 5G 关键器件体系化升级

5G 终端对基带、射频等关键器件能力提出新的需求，推动关键器件设计、制造、封装等环节的系统性革新。基带方面，5G 十倍于 4G 的峰值速率对终端基带芯片的并行处理设计提出更高要求，同时基带制造工艺需要持续的升级，以满足 5G 高速率和低功耗的需求[6]。射频方面，GaAs 化合物半导体工艺、BAW 滤波器制造工艺等特色工艺亟待升级。功率放大器(PA)仍将延续 4G GaAs 工艺路线，但带宽频率性能和集成度要求更高。5G 终端射频前端将更多采用高集成度模组方案，集成多频多模 PA、射频开关、滤波和双工等射频器件[7]。

大规模天线、高频段通信等 5G 关键技术的应用将加速基站射频器件升级。5G 基站升级的重点在于大规模多天线阵列技术的应用，基站射频前端设计更加复杂，前端器件数量成倍增加[8]。

5G 中频基站方面，将延续 4G 分立器件的技术方案，采用全数字波束赋形架构，全数字化的 MIMO 射频收发通道多达 64 个，是 4G 的 8 倍，对应的各射频收发通道的前端器件数量也需要增加数倍，其中基站的关键器件 PA 将从硅基 LDMOS 工艺转向承载功率、高频性能、效率更具优势的氮化镓(GaN)工艺；陶瓷介质滤波器凭借小型和高性能的优势将成为主流。

5G 高频基站方面，目前存在多种技术路线，主流方案是基于 RF CMOS/锗硅工艺的大规模天线阵列集成，此外还有基于 GaAs/GaN 等分立器件的低复杂度天线阵列方案和透镜天线方案。5G 高频段通信对基站天线提出更高要求，现阶段业界倾向于采用 PCB 板上天线阵(AoB)和封装天线阵(AiP)两种高频相控阵天线集成化方案，其中 AoB 是将射频前端芯片与天线阵共 PCB 板布放，以减少馈电损耗；AiP 是将射频前端芯片与天线阵以倒装(Flip-chip)方式封装为一体，集成度更高，但散热条件不好。因此 AoB 适用于发射功率较高、散热条件较好的 5G 高频基站；AiP 适用于发射功率较低、发热小的 5G 高频小站和 5G 高频终端。

华为发布 5G 芯片和手机。高通、英特尔在 5G 标准冻结前都相继发布了 5G 基带芯片。高通于 2016 年率先发布支持高频 28GHz 的 5G 基带芯片，2017 年又扩展到支持 6GHz 以下频率。华为海思于 2019 年 1 月 24 日正式发布了 5G 基站核心芯片和 5G 多模终端芯片；在 2019 巴塞罗那世界移动大会上，华为发布了首款 5G 手机。展讯将于 2019 年底推出满足预商用的 5G 基带芯片和射频芯片。

我国在滤波器、天线等部分基站器件领域已形成产业突破。滤波器方面，我国已具备一定产业基础，以大富科技、武汉凡谷、山东精密、春兴精工为代表的国内企业已取得金属腔体或陶瓷介质滤波器的相关技术突破，国内企业占据基站市场约 75%的份额，客户覆盖华为、中兴、大唐、爱立信等主流设备厂商，随着 5G 基站集成化趋势明显，金属腔体和陶瓷介质滤波器的小型化问题仍是国内厂商需攻克的技术难点。基站天线领域，国内厂商的技术已经到领先水平，华为、京信通信、虹信、国人通信等企业凭借价格和服务优势，已具相当的产业实力，占据国内运营商主要市场，并进军全球市场。

5.3　我国推动 5G 产业研发及生态构建

我国通过 5G 技术研发试验加快推动产业成熟。我国 5G 技术研发试验由 IMT-2020(5G)推进组组织实施。5G 技术研发试验在 2016～2018 年开展，分关键技术验证、技术方案验证和系统验证三个阶段。2016 年 9 月完成了 5G 技术研发试验第一阶段(关键技术验证)测试，华为、爱立信、中兴、大唐、三星、英特尔、上海诺基亚贝尔共 7 家企业完成了测试，涉及的关键技术涵盖大规模天线、超密集组网、新型多址、高频段通信、新型多载波等无线关键技术和网络切片、移动边缘计算等网络关键技术。通过对 5G 无线和网络关键技术试验样机的测试评估，对 5G 潜在关键技术的性能和技术潜力有了更加深入的理解，国内外企业共同制定测试规范，基于公共测试平台共同开展测试，促进了 5G 国际标准共识的形成，支撑了 5G 国际标准研制。2017 年 12 月完成了第二阶段(技术方案验证)测试，第二阶段测试重点面向 5G 典型场景开展测试验证，同时引导芯片和仪表企业参加，通过与系统设备厂商的多方功能对接测试，推动 5G 完整产业链构建。为保证第二阶段测试顺利开展，在北京怀柔区规划了 5G 试验外场，华为、爱立信、中兴、大唐、上海诺基亚贝尔五家系统设备厂商参加测试。联发科、展讯和英特尔等芯片企业，是德科技、罗德与施瓦茨、大唐联仪等仪表企业参与了功能对接测试。各系统设备厂商技术方案性能测试结果表明，基于 5G 新空口技术方案，结合大规模天线、新型多址、新型多载波及先进编码等关键技术，可以实现 60Gbps 的小区峰值、低于 0.3ms 的空口传输时延、107Mbps/m^2 的流量密度和 217 万/MHz/小区的用户连接能力，可全面满足 ITU 所提出的 5G 关键性能指标需求。此外，在积极推进 5G 系统设备研发的同时，IMT-2020(5G)推进组组织芯片、仪表企业与系统设备厂商开展多方功能对接测试，促进了芯片、仪表企业对 5G 技术方案及关键技术的理解，带动了芯片、仪表企业的研发进度，形成产业链齐头并进的态势。不同厂商设备、芯片、仪表等的磨合，加快了 5G 良好产业生态的构建。2018 年 12 月基本完成了 5G 技术研发试验测试。第三阶段(系统验证)测试主要基于 3GPP R15 国际标准，对系统设备厂商研发的 5G 预商用/商用设备开展了单站和组网测试验证，测试内容涵盖非独立组网和独立组网模式。为保障 5G 技术研发试验第三阶段测试的开展，在北京怀柔外场建设了超过 100 个基站，IMT-2020(5G)推进组与中国信息通信研究院的 MTNet 实验室一起，构建了完整的 5G 室内外一体化试验网络，同时，基于球形探头墙，构建了 MIMO OTA 性能测试系统，可全面支持 Sub 6GHz 频段及毫米波频段的射频性能测试以及 5G 端到端的吞吐量性能精准测试。截止到 2018 年 12 月，面向 eMBB 宏覆盖场景，全球主要系统设备厂商已经完成了 5G 预商用/商用基站实验室和外场性能测试，验证了物理层基本功能，多天线、双连接等关键技术，系统设备基本达到了预商用要求。后续，将基于 5G 技术研发试验平台，进一步推进终端芯片与系统的互联互通测试以及面向毫米波频段的系统测试工作。

5.4　我国积极开展 5G 融合应用探索

5G 与垂直行业的融合应用发展是 5G 成功的关键，我国积极推动 5G 在工业互联网、车联网、医疗等领域的应用发展，加强 5G 在垂直行业需求、技术、产业、商业模式等方面的探索，2018 年在车联网和医疗领域取得了积极进展。

5.4.1　工业互联网领域

5G 成为工业互联网重要的网络基础设施。我国高度重视 5G 与工业互联网的融合发展。2017 年 11 月，国务院印发的《关于深化“互联网+先进制造业”发展工业互联网的指导意见》中，明确将 5G 列为工业互联网网络基础设施，并要求开展 5G 面向工业互联网应用的网络技术试验，协同推进 5G 在工业企业的应用部署。同时我国在政策及专项方面支撑我国企业开展 5G+工业互联网融合探索。工业和信息化部在 2018 年发布了《工业互联网网络建设及推广指南》，指出到 2020 年，形成相对完善的工业互联网网络顶层设计，初步建成工业互联网基础设施和技术产业体系。

5G 作为工厂外网及内网核心组成部分，将在标准、标杆网络、公共服务平台、测试床等方面获得国家政策及项目支撑。2019 年，工信部在工业互联网创新发展工程中设置工业互联网企业内 5G 网络化改造及推广服务平台项目，支持国内工业企业及联合体在 5G 内网部署模式、应用孵化推广、对外公共服务、商业模式等方面开展探索。

我国以 5G 应用产业方阵和工业互联网产业联盟为跨界合作交流平台，以"绽放杯"5G 应用征集大赛为抓手，推动 5G 向工业互联网领域渗透，涌现了一大批优秀的 5G+工业互联网应用示范企业，如上海飞机制造有限公司、杭汽轮、精功科技、青岛港、南方电网等。工业互联网产业联盟成立工业无线特设组，开展 5G 与工业互联网的融合应用研究。特设组制定汽车制造、家电制造、电子制造等领域的 5G 应用场景及需求白皮书，并开展 5G+工业互联网发展趋势、5G 在工厂内部署模式等研究工作。工业互联网产业联盟测试床组已开展智能电网 5G 网络及切片应用、基于 5G 网络连接的工业智能化巡检等多个测试床项目。2019 年 6 月，在工信部指导下，中国信息通信研究院牵头成立 5G 应用产业方阵，方阵的行业应用组已分别在工业、智能电网、医疗等领域成立了跨行业研究子组，开展 5G 应用场景、需求及应用解决方案等研究工作，并针对 5G 在工业应用落地中面临的关键技术问题也成立了 5G 边缘计算 MEC 及 5G 小基站等共性技术组，开展相关的研究。第二届"绽放杯"5G 应用征集大赛专门设置了 5G+工业应用领域的赛道，鼓励全国企事业单位及研究机构开展 5G+工业互联网应用的探索，目前赛事正在进行中。

同时我国各省市将 5G+工业互联网融合应用作为产业规划重点。已有十几个省市地区发布了 5G 产业规划，北京、上海、广东、深圳、浙江等地都将 5G 与工业的融合应用作为产业规划的重点。如浙江省明确提出开展“5G+工业互联网”试点示范，在重点企业打造人、机、物全面互联的工厂物联网网络体系，推进 5G 与物联网、人工智能的融合应用。

5.4.2　车联网领域

信息通信、汽车、交通、公安等行业紧密协同，为车联网创新融合发展提供保障。频谱方面，工信部规划将 5905～5925MHz 频段作为基于 LTE-V2X 技术的车联网直连通信的工作频段；终端软硬件设备方面，已经可以提供车载单元(On Board Unit，OBU)、路侧单元(Road Side Unit，RSU)设备或者相应的软件协议栈；车联网业务方面，整车厂商、移动通信、互联网等行业已经实现了多种安全和效率类车联网应用，并开展了协同服务类应用的研究。在测试验证方面，为促进车联网产品成熟，以及为大规模应用示范和商用部署做准备，中国信息通信研究院建立了基于 LTE-V2X 技术的全协议栈测试验证环境，具备功能、性能、互操作及一致性测试验证能力，完成了大唐、华为跨厂家的 LTE-V2X 芯片级产品互操作测试验证，以及星云互联、东软、大唐、华为、金溢、万集、SAVARI、华砺智行、千方科技共 9 家终端厂商的网络层和应用层互操作及一致性测试验证[9]。

为尽快推动车联网产业化和应用推广，工信部联合交通、公安等行业部门，会同地方政府共同推进车联网应用示范。无锡示范区打造了车联网(LTE-V2X)开放道路示范，并已于 2018 年 9 月世界互联网博览会期间正式开放。上海示范区目前已在示范区范围内规划并建设 LTE-V2X 基站 13 座，已完成封闭测试区、开放道路 12 个信号控制系统改造，全面支撑 17 类 V2X 场景应用。在 2018 年中国汽车工程学会年会期间，中国智能网联汽车创新联盟、IMT-2020(5G)推进组 C-V2X 工作组、上海国际汽车城(集团)有限公司共同举办基于中国标准的 LTE-V2X 跨通信模组(芯片)、跨终端提供商、跨整车厂商的“三跨”互联互通应用示范。“三跨”活动有助于验证中国 LTE-V2X 全协议栈标准的有效性，促进车联网产业各环节协同研发，为推动国内 C-V2X 大规模应用部署和运营模式、商业模式研究提供关键的示范验证基础。此外，北京、重庆、长沙等国家车联网示范区也纷纷推进 LTE-V2X、5G 无线通信环境建设和升级改造，开展车联网应用功能验证和示范。

我国车联网正处于蓬勃发展期，已经构建了芯片模组、终端、应用服务的产业链条，形成了 LTE-V2X 车联网标准体系，具备基础的测试验证服务能力，并通过应用示范促进了汽车、信息通信和交通等跨行业的融合发展。

5.4.3　医疗领域

5G 给无线医联网带来巨大潜能。对于医疗视频类业务，5G 能够提供类光纤的带宽，支持多路高清视频，支持医疗 VR/AR 应用，如 AR 手术等。对于远程操作类业务，5G 通过毫秒级低时延和极高可靠性，可以支持远程手术等操作类业务。此外，5G 超大的连接能力，能够在医院内外提供大量医疗设备连接，支持 24 小时实时健康检测。

国家高度重视互联网+医疗，以重大举措来推动行业发展。2018 年 4 月 28 日国务院办公厅发布的《关于促进“互联网+医疗健康”发展的意见》，明确指出提升医疗机构基础设施保障能力[10]。9 月 14 日，国家卫生健康委员会在推动互联网+医疗健康发展的工作上继续采取行动，发布了《互联网诊疗管理办法(试行)》《互联网医院管理办法(试行)》和《远程医疗服务管理规范(试行)》共 3 个文件，规范互联网诊疗行为、发挥远程医疗服务积极作用、提高医疗服务效率。

5G 技术将助力互联网+健康扶贫，实现脱贫攻坚工程。健康扶贫工作一直是我国的重要战略之一，为贯彻落实《中共中央国务院关于打赢脱贫攻坚战的决定》《“十三五”脱贫攻坚规划》，实现健康中国重大战略，中国信息通信研究院、国家卫生健康委员会医疗管理服务指导中心、中国人口与发展研究中心共同指导全国范围内的多个贫困县开展了互联网+健康扶贫的探索和实践，将精准扶贫方略与工信部电信普遍服务试点工作基础相结合，支撑贫困地区宽带网络建设。未来，5G 技术将成为脱贫攻坚过程中的助推器，改善贫困地区薄弱的医疗条件，提升基层公共卫生服务能力和普惠水平[11]。

5G 医疗在应用探索中取得新进展。第五届世界互联网大会上亮相的医疗急救车，通过 5G 网络技术，能够在急救车转运途期间对患者体征信息实时情况及现场画面进行稳定的采集和接收。医生可以使用移动终端调阅患者电子病历信息，通过车载移动医疗装备持续监护患者生命体征，并通过车载摄像头与远端专家会诊病情、协同诊断治疗。

作者：王志勤、余少华、魏克军、杜滢、李珊、杨红梅、李芳、陈晓贝、王骏成、杜加懂、葛雨明、闵栋、汪卫国

参 考 文 献

[1] 国家信息化发展战略纲要, 2016-07-27. http://www.gov.cn/gongbao/content/2016/content_5100032.htm.

[2] 陈亮, 余少华. 6G 移动通信发展趋势初探. 光通信研究, 2019, (4): 1-8.

[3] 陈亮, 余少华. 6G 移动通信关键技术初探. 光通信研究, 2019, (5): 1-7.

[4] 张春明. "绽放杯"5G 应用征集大赛叩响 5G 大门. 人民邮电报, 2018-07-12.

[5] 杜滢, 朱浩, 杨红梅, 等. 5G 移动通信技术标准综述. 电信科学, 2018, (8): 2-9.

[6] 黄伟. 移动互联网技术产业最新态势分析. 人民邮电报, 2018-06-08(006).

[7] 王骏成. 5G 时代芯片技术产业的机遇与挑战. 现代电信科技, 2017, 47(6): 50-53.

[8] 王骏成. 5G 来了, 芯片准备好了吗. 高科技与产业化, 2017, (10): 46-49.

[9] 中国信通院. 中国信通院组织开展互操作及协议一致性测试, 助力 LTE-V2X 产业成熟健康发展, 2018-10-24. http://www.caict.ac.cn/xwdt/ynxw/201810/t20181024_187517.htm.

[10] 中华人民共和国国务院.关于促进"互联网+医疗健康"发展的意见, 2018-04-28. http://www.gov.cn/zhengce/content/2018-04/28/content_ 5286645. htm.

[11] 工业和信息化部. 推进网络扶贫的实施方案(2018—2020 年), 2018-06-06. http://www.cpad.gov.cn/art/2018/6/6/art_46_85023.html.